Dein LiebesLeitfaden
Lehrbuch zum Glücklichsein

AF170514

Herold zu Moschdehner

Dein LiebesLeitfaden
Lehrbuch zum Glücklichsein

Bibliografische Information durch

Die Deutsche Bibliothek:

Die Deutsche Bibliothek verzeichnet diese Publikation in der Deutschen Nationalbibliografie; detaillierte bibliografische Daten sind im Internet über http://dnb.ddb.de abrufbar.

ISBN   9783735738011

Copyright (2014)

Herstellung und Verlag: Books on Demand GmbH, Norderstedt

Alle Rechte beim Autor.

12,90 Euro

Herold zu Moschdehner ist anerkannter Lebenskünstler und lebt jede Sekunde seines Lebens mit vollkommener Achtsamkeit. Er findet im Alltag viele schöne Dinge und Begebenheiten und liebt sich an ihnen fest. Und je mehr er sich so auffächert, desto mehr schult sich sein Geist und sein Denken auf eine positive und liebevolle Sicht aller Dinge und dieser Welt.
Dieses Buch wird Dich mitnehmen auf eine Reise voller Liebe. Du wirst oft nicken und denken "Oh ja, so geht es mir auch. Das liebe ich auch" und Du wirst sehen, dass es auch ganz spezifische Sachen gibt, die nur einen Menschen allein betreffen.

Dieses Buch ist für Menschen gedacht, die ihr Lächeln verstärkern und die Welt mit anderen Augen sehen wollen.

Viel Spaß wünscht Ihnen
Herold zu Moschdehner

Ich liebe Steine, die im Licht glitzern, wenn man sie dreht.

Den Blick aus dem Flugzeug, wenn man über Wolken fliegt.

Liebespaare anschauen, die sich an den Händen halten und sich glücklich anlachen.

Holz im Lagerfeuer, wenn es flüstert.

Den Geruch wenn man sich Zimtstangen ganz dicht an die Nase hält.

Den sichtbaren Hauch im Winter.

Feine zarte Nackenhaare mit den Fingerspitzen berühren.

Braune Blätter, die auf der Wasseroberfläche tanzen.

Einen wilden Sturm der an den Häusern frisst und die Wolken im Zeitraffer über den Himmel fegt.

Fotos die einen echten emotionalen Augenblick einfangen.

Rustikale Balken in moderner Einrichtung.

Wein, der wie ein warmer Kuss auf den Lippen liegt.

Wenn man aus der Art, wie jemand redet, mehr erfährt als aus der bloßen Zusammenstellung

seiner Wörter.
Dunkle Augen, die zum Versinken einladen.

Die Ruhe und der Friede zwischen Friedhofsbirken.

Schmale Frauenschultern, um die sich der Stoff von einem Männerhemd hüllt.

Das Schnurren einer warmen Katze in meinem Schoss.

Alte knorrige fast tote Bäume mit jungen frischen Trieben.

Ein flauschiges Handtuch im Gesicht.

Eine saftige Melone beißen und den Saft an den Wangen spüren.

Feldblumen zwischen Buchseiten trocknen und plätten.

Bunte Leuchtreklame in dunklen, grauen Städten.

Ich höre, dass Kinder stolz und überschwänglich von ihrem Mut sprechen.

Den Geruch von getrockneter Ölfarbe.

Mehrstimmige Vogelkonzerte in die sich das Rauschen der Bäume mischt.

Das Finden von fremden Notizen, weil es einen Einblick in fremde Köpfe ermöglicht.

Hölzerne Schubladen, die ganz leicht herauszuziehen sind.

Schokoladenstreusel ins Eis streuen.

Wenn man sich auf den Nachthimmel konzentriert und nach und nach immer noch mehr Sterne sieht.

Der Stoff eines dunkelroten Rockes auf meiner Handoberfläche.

Treppen ganz schnell hinunterlaufen oder springen.

Einen Briefkasten, in dem sich ganz viele Briefe versteckt haben.

Die Vergangenheit durch das Erinnern bereisen.

Enten, die Brotkrümel von der Picknickdecke fressen.

Augenbrauen mit einem schönen Schwung, die bei jedem Gesichtsausdruck mitfliegen.

Den Spiegel am Geburtstag.

Tränen, die wie Perlen über das Gesicht glitzern.

Höhlen mit Laken, Decken und bunten Tüchern bauen.

Einschlafen, wenn es hell wird und aufwachen, wenn es dunkelt.

Strassen in den Gesichtern der Alten, die sie mit ihren Erlebnissen bauten.

Fingernägel, die über meine Kopfhaut und meinen Rücken fahren.

Bei Kerzenlicht und Wein alte Fotos sortieren.

Beschlagene Badfenster, die, die Sicht nach Draußen verschleiern.

Bei nächtlichem Sommergewitter mit freiem Oberkörper durch die Strassen laufen.

Von einer Brücke spucken und den Flug beobachten.

Die Anrede „Lieber".

Berge, von denen man bis zum Meer sehen kann.
Lange dunkle Mäntel, die im Schnee Furchen ziehen.

Kleine Fliegen, die auf meinem Körper wandern und dabei wohlig kitzeln.

Meerwasser das auf der Haut trocknet und Salz zurücklässt.

Zeitungen aus meinem Geburtsjahr lesen.

Eine flüsternde Stimme nah an meinem Ohr, die mir „Gute Nacht" wünscht.

Das Geräusch von kleinen Steinen die zwischen Sohle und Betonboden knirschen.

Wenn junge Hunde nach meinen Seifenblasen schnappen.

Versuchen mit einer alten Kamera Blitze zu fotografieren.

Alte Madonnastatuen die detailgetreu, grazil gebaut und unbemalt sind.

In der Nacht in helle Fenster ohne Gardinen schauen.

Frauenhaar in meiner Dusche. Ganz viel, weil die Frau dann schon ganz lange da ist.

Wenn ich mein Passfoto in fremde Brieftaschen sehe.

Wenn sich eine hübsche Frau in der Straßenbahn auf den Sitzplatz neben mir setzt.

Geliebte Musik aus fremden Walkmankopfhörern. Das verbindet.

Menschen, die voll hinter dem stehen, was sie tun.

Grazile schwarze, eiserne Brücken über grünem Seerosenteich. Frösche quaken.

An Rosen riechen, wenn keiner schaut.

Der Fleck Sonne auf der Handinnenfläche, wenn die Sonne durch ein Glas Weißwein scheint.

Den glitzernden Schweif einer Rakete, die in den

Himmel pfeift und noch viel mehr die staunenden Menschengesichter.

Den Geruch von alten Büchern, bei denen die Seiten nicht mehr so gut halten und fast herausfallen.

Seltene Schallplatten die ich für den Menschen auflege, der sie schätzt, so wie ich es tue.

Den süßen Geschmack von Karamell ganz hinten auf der Zunge.

Die Nase ins Fell einer Katze drücken und riechen.

Nur mit Augen sprechen.

Lange große Schornsteine die so doll rauchen, dass es in die Wolken ragt und man denkt, alle Wolken kommen aus ihm.

Über Zäune klettern und unbekanntes Gebiet erkunden.

Tierstimmen in der Konserve sammeln.

Bei fremden Menschen ins Bücherregal schauen und Bücher suchen die man selber hat.

Ein dickes, fettes Schlüsselbund.

Eine große Badewanne mit viel heißem Wasser, einer Kerze und einem Buch.

Vor dem Klingeln des Weckers aufwachen und

feststellen, dass man noch eine Stunde schlafen kann.

Dicht beschriebene gelbe Notizzettelchen an der Tapete.

Eine neblige Schneewehe und glitzernder Raureif auf geteerten Dächern.

Eigene wirre Gedankengänge über die ich lachen kann.

Der Geruch von geschenktem Parfüm auf einem Frauennacken.

Wenn sich in alten Filmen das Liebespaar das erste Mal sieht.

Während der WM durch die Straßen ziehen, Fußball eigentlich blöd finden und „Finale" schreien.

Schwarze TaiChiHemden mit Stehkragen und Knüpfverschluss.

Wünsche an einen Luftballon hängen und steigen lassen.

Ein Buch lesen und blinzeln, weil die Sonne so stark vom Weiß reflektiert wird.

In ihrem Blick sehen, dass ihr meine Berührungen gefallen.

Trostlose Gegenden durch Fantasie zum erblühen bringen.

Frauenlippen, die sich aufgeregt verhaspeln.

Meinen Lieblingsort einem Lieblingsmenschen zeigen.

Krähen, die im Herbst von Straßenlaternen zu Straßenlaterne springen.

Kalte Hände unter kaltes Wasser halten und sie warm werden lassen.

Das Geräusch in den Schienen, wenn der Zug noch nicht zu sehen ist.

Die Vorstellung in einem Schaukelstuhl mit einem Buch zu sterben.

In frischem Schnee als Erster einen Abdruck machen.

Einen Lachanfall in der Kirche bekommen.

Omis, die aus der Milchpackung die Kühe ausschneiden, dann auf Pappe kleben und sich auf die Fensterbank stellen.

Gartenpartys zu denen auch Leute stoßen, die man nicht kennt und einer von diesen spielt auch noch Gitarre.

Sich in der Dusche total einseifen.

Zwei mal Weizen bestellen und zwei mal Weißwein bekommen.

Vom Rücksitz aus eine Frau auf dem Fahrersitz im Rückspiegel beobachten.

Morgens durch den Tau die Spinnennetze in den Büschen sehen.

Steine mit härteren Steinen aufbrechen und es im Inneren glitzern sehen.

Käse beim Zerschmelzen in der Pfanne zuschauen.

Wenn sich der Regen wie eine Gardine ans Fenster hängt und später die Sonne hindurchglitzert.

In der Nacht den Mond durch die Pfütze betrachten.

Den kleinen Keks auf Hotelkissen.

In einer Sauna küssen und auch innerlich heiß werden.

Wenn ich mit meiner Anwesenheit ein gutes Gefühl erzeuge.

Das letzte Exemplar „Irgendwas" ergattern.

Wenn ich zwei Nägel ohne Messung in die Wand schlage, ein Bild draufsetze und feststelle dass es nur leicht schief ist.

Schwule Männer, die nicht affektieren.

Leberflecken auf Frauenarmen die Sternbilder oder Gesichter bilden.

Eingekratzte Liebesbeweise in Beton.

Fremde Einkaufszettel im Korb finden, lesen und Rückschlüsse ziehen.

In Flaschenhälse spitzlippig pusten und einen Ton erzeugen.

Jede Sekunde von der Zeit in der sich die Distanz zur Liebgewonnenen verringert.

Flackernde Fahnen mit Geräusch.

Wenn mir jemand eine Zeitung aus meiner Heimatstadt mitbringt.

Über einen ganz dunklen Friedhof gehen und Grablichter zwischen den Gräbern leuchten sehen.

Frauen Komplimente machen die sie noch nie gehört haben und als Lohn ein Lachen bekommen.

Strandsand in der Duschwanne.

Im Auto fahren, es regnet und die entgegenkommenden Autos zaubern mit ihren Scheinwerfern aus den Regentropfen Sterne auf der Frontscheibe.

Wenn sich die Natur etwas vom Menschen wiederholt.

Wenn man durch ein Dorf fährt und dort ältere Menschen in Kitteln und unmodischen Latzhosen sieht.

Eine Brille mit einem Brillenputztuch lupenrein putzen.

Kinder die auf einer alten Wolldecke altes Spielzeug vor Kaufhäusern verkaufen.

Das Flackern des Morgenlichts wenn der Zug durch einen Wald fährt.

Wenn eine Friseurin meine Haare wäscht und dabei meine Kopfhaut massiert.

Die Nadel des Plattenspielers auf die Platte setzen und das Geräusch dabei.

Durch ein Maisfeld laufen, sich voreinander verstecken und dann erschrecken.

Wenn mir jemand zärtlich auf die Stirn und den Haaransatz pustet.

Über alte Ehepaare lächeln die, die gleiche Regenjacke tragen.

Den Kleiderschrank aufräumen und dabei Sachen finden, die man unbedingt mal wieder anziehen will und die man total vergessen hat.

In irgendeinem Amt sofort drankommen.

In einem alten Menschen das Kind entdecken.

Eine Kastanie in ihrer grünen Ummantelung sehen und sie herausholen.

Ganz viel Hartgeld in der Brieftasche haben.

Im Duden blättern und mithilfe des Zufalls Wörter suchen und daraus eine Geschichte machen.

Leute beobachten die während ihrer Arbeit hochkonzentriert sind und nichts anderes um sich herum wahrnehmen.

Frauen trösten, ihnen die Schulter geben und beteuern, dass man diesen anderen Mann nicht versteht und man ja ganz anders ist.

Ikeasachen aufbauen und keine Schraube zu wenig haben sondern zu viel.

Nach dem Malern ganz kleine Farbkleckse auf den Armen haben.

Auf dem Flohmarkt mit einem würdigen Gegner handeln.

Nachts auf einmal Kakaodurst haben, aufstehen, in die Küche schleichen und so viel davon trinken das man am nächsten Morgen Bauchschmerzen hat.

Eine Frau im Schlafanzug, schlafend auf der

Couch zudecken oder wecken und mit ins Bett nehmen.

Eigenarten an einer Person die man nur an ihr kennt und die sie nur für einen preisgibt.

Wenn man aus Lokalen Stimmengewirr und Tellerklappern hört.

Wenn ein Auto auf einem Kiesweg wendet und die Steinchen unter den Rädern knirschen.

Milchcafe aus einer großen Schale trinken und dann einen Milchschaumbart haben.

In Indische Currysuppe Fladenbrot tunken und essen.

Wenn man nach dem Bezahlen von der Bedienung noch nach draußen geleitet wird und sie die Tür aufhält.

Dünne Kettchen auf schlanken, braunen Schlüsselbein.

T-Shirts für Kinder mit Motiven die eher Erwachsene ansprechen.

Der Gong bevor der Film im Kino anfängt.

Rechtschreibfehler in Zeitungen und Speisekarten finden.

Den Rohrzucker vom Caipirinja durch den Strohhalm saugen.

Billard spielen und so tun, als würde man jeden Stoß vorhersehen und berechnen. Dabei spielt man auf Zufall.

Nach der Theatervorstellung in der Künstlerkantine mit den Schauspielern erzählen.

Kleine Inseln auf denen Bäume wachsen in der Mitte eines Sees.

Dicke, fette Gewitterwolken und auffrischender Wind mit den ersten Regentropfen.

Früh am Morgen durch den Wald gehen und einen Igel treffen.

Spezialitäten aus anderen Ländern probieren.

Mit dem Zug durch die Dunkelheit fahren und langsam beobachten wie es hell wird.

Eine Frau mit roten Haaren und grünem Kleid. Über berühmte Persönlichkeiten der Vergangenheit Hintergrundinfos erfahren.

Schneekugeln schütteln.

Einen Ring mit Bedeutung am Finger spüren.

Den Tagesrythmus verschieben.

Im Nachttischchen im Hotel die Worte Buddhas statt des alten Testaments finden.

Wenn der Zug zur großen Fahrt ganz langsam losrollt.

Fotos von den Bäuchen Schwangerer.

Morgens aufstehen, sich nicht die Haare machen und dann zu hören bekommen: "Tolle neue Friseur".

Alte Liebesbriefe lesen.

In der Sauna feststellen, dass mein Penis der größte ist.

Durch Bearbeitung aus normalen Bildern schöne Fotos machen.

Science Fiction Filme bei denen man erst am Ende versteht um was es eigentlich ging.

Sich auf fremden Hochzeiten betrinken und andere betrunkene Leute kennen lernen.

Wenn Sie meine Hemden bügelt und ich frisch hineinschlüpfe.

Blaue Flecke auf der Haut der Freundin sehen und wissen dass es von der gemeinsamen gestrigen Nacht ist.

Das Gefühl auf der Nase nachdem man den halben Tag lang eine Brille getragen hat.

Wenn Turnschuhe in der Halle quietschen.

Wenn ein Schwan von einem ruhigen See aus startet oder landet.

Die Freundin eifersüchtig machen.

Auf der Erde verzeichnete Grenzlinien: Zeitzonen, Äquator

Fahrstühle die beim Öffnen Ping machen.

Es lustig zu finden, Frauen zu fragen ob sie früher einmal ein Mann waren.

Ein Objektiv an eine Kamera schrauben.

Im Wald einen Vogel zwitschern hören und ihn in den Bäumen zu suchen.

Wenn ein Snackautomat das Gewählte in den Ausgabeschacht fallen lässt.

Das Pfeifen eines Teekessels.

Wenn Behinderte über Ihre Krankheit Witze machen.

Herbstlaub auf dem Balkon.

Einen Fotodrucker beobachten wie er Zentimeter für Zentimeter das Bild herausschiebt.

Mit ihr nachts im Auto schweigen, Musik hören und ihre Haut spüren.

Das Pssst wenn man gemeinsam betrunken nach Hause kommt und im Hausflur steht.

Wenn ein Dackel läuft und seine Ohren wackeln.

Alte Bäume auf deren Äste Moos wächst.

Wenn die Sonne sich auf nasser Fahrbahn spiegelt, ein Auto dieses Bild durchbricht und dann dieses Geräusch verursacht, das sich wie ein sanftes langes Kleben und Loslösen anhört.

Der Regenbogen neben Wasserfällen.

Einen Weihnachtsbaum schmücken.

Mit dem Auto in die Waschstraße fahren.

Endlich aus der total heißen Sauna ins Freie kommen und kalte Luft einatmen.

Beim Autofahren Ihre Hand auf meinem Knie.

Mit Dingen das Aquarium dekorieren die dort nichts zu suchen haben.

Komisch tanzende Menschen nachahmen.

Bettwäsche mit Reißverschluss.

Wenn Brustwarzen zwischen meinen Lippen hart werden.

Sich in den Fenstern vorbeisausender Züge spiegeln.

Mit Stofftieren oder einer Sockenhand vor Kindern oder der Liebsten reden.

Zuschauen wie Jemand mit einem Teppichklopfer Staub aus einem Vorleger schlägt.

In einem Lebensmittelladen in die Folie zwischen

eingeschweißten Trinkflaschen Löcher mit dem Finger pieken.

Den Geschmack vom eigenen Sperma.

Wenn man einen Fernseher anschaltet, den Bildschirm berührt und es brizzelt.

Ausschnauben und es kommt mehr heraus als man denkt.

Als Paar zwei verschiedene Essen bestellen und voneinander kosten.

Die Ärmel von einem Hemd hochkrempeln.

Auf einem Barhocker sitzen, Beine anwinkeln und die Füße daran aufstützen.

In der Badewanne sitzen und mit den Zehen das warme Wasser aufdrehen.

Glänzende Muskeln bei schwarzen Pferden.

Eine Marienkäferplage am Ostseestrand.

Frauen die ihre Haarsträhnen mit Absicht wie in Zeitlupe aus ihrem Gesicht wischen.

Jemandem erzählen, dass ich das Stäbchen essen von einer schönen Chinesin
gelernt habe.

Die Matratze ins Wohnzimmer vor den großen Fernseher schleppen und Eis essen.

Spalten in alten Balken in italienischen Lokalen.

Wenn man sich im Dunkeln einen Pullover auszieht, der elektronisch aufgeladen ist und man kleine Blitze im Stoff sieht.

Sich an der Ampel im Küssen verlieren, die Autos hupen und man fährt schnell weiter.

Eine Annonce in die Zeitung setzen und an dem VeröffentlichungsTag auf Anrufe warten.

Wenn ich bemerke, dass mir einzelne Dinge an einem Menschen gefallen, die ich sonst immer blöd fand.

Nach dem Akt den Schweiß auf meinen Rücken der langsam kalt wird.

Die Anzeigentafeln im Flughafen oder Bahnhof wenn Sie flink zur nächsten Anzeige durchrattern. Ich liebe diese fliegenden Buchstaben.

Rennen, rennen, rennen und den Bus doch noch schaffen.

Chinesische Reisegruppen, die sich über deutsche Traditionen freuen.

Kuriose Zeitungsmeldungen ausschneiden, weglegen und im Hinterkopf haben, daraus bald einen Text zu machen.

Das Geräusch wenn man den Stöpsel kurz aus einer vollen Badewanne nimmt und dann wieder rein steckt. Klingt als würde die Badewanne husten.

Augen in denen das Weiß wirklich weiß und nicht von roten Äderchen durchzogen ist.

Lange Arztkittel in deren Brusttaschen hundert Kugelschreiber stecken.

Kaffee mit Milch und Zucker im Verhältnis 49,5 %, 49,5% und 1%.

Unordnung auf meinem Schreibtisch.

Im Supermarkt Gegenstände auf die Obstwaage legen die ich meinen Hosentaschen finde.

Wenn Banken Ihr Geld mit einem Plopp nach oben in die Rohrpostleitungen senden.

Zwischen Zwillingen Unterschiedlichkeiten suchen.

Eine eigene Sprache oder einen Dialekt erfinden und den ganzen Tag benutzen.

Wenn ein Gitarrenspieler im Spiel auf das Holz des Instruments den Takt klopft.

Mit Wunderkerzen Bilder in die NachtLuft zeichnen.

Alte Röhrenradios dessen Lautsprecher mit Stoff bespannt ist und der Sendersuchlauf mit Haltemöglichkeiten: Moskau, London, Berlin usw..

Im Kino die Vorwerbung für andere Kinofilme.

Ganz viele Stempel im Reisepass haben.

Ein Flugzeug falten, es werfen und es segelt grazil und weit.

Bei Telefonen ohne Tonwahl das Rattern der Nummern hören.

Die Hosenbeine hochkrempeln und durch einen Bach waten um an die andere Seite zu kommen.

Bilder von Albrecht Dürer, Monet und Carl Spitzweg.

Das drehende Rädchen des Dynamos beobachten das gegen den Reifen gelegt wurde.

Wenn vor Gericht alle Leute aufstehen wenn der Richter den Saal betritt.

Geschichten von Leuten die 7 Jahre in einer Höhle leben und dort meditieren.

Zeuge bei einem leichten Verkehrsunfall sein.

Einen schönen, runden Frauenpo eincremen.
Unter Einflugschneisen stehen und den Flugzeugen auf den Bauch schauen.

Merken, dass man sich an etwas gewöhnt hat, was einem keine Freude gemacht hat.

Wenn der Taxifahrer einem den Bierkasten noch mit bis zur Tür trägt.
Morgens aufwachen und eine Erektion haben.

Einen Kanon mitsingen.

Mit der Zunge spüren, wie die Klitoris unter meinen Berührungen anschwillt.

Wenn man von einer Bockwurst abbeißt und sie macht ein KnackplatzGeräusch.

Alte Omas die einen dazu einladen mit ihnen irgendwelche Kartenspiele zu spielen und Likörchen ausgeben.

Cola ohne Kohlensäure.

Die Welle in den Beinen von Tausendfüßlern beobachten.

Den Geruch von warmer Milch.

Wenn das Ergebnis meines Kopfrechnens mit dem des Taschenrechners übereinstimmt.

Türkische Männer, die sich zum Schachspielen im Park treffen.

Alleine demonstrieren gehen für eine total schwachsinnige Sache.

Russpartikelchen in flüssigem Wachs beobachten die immer weiter zur Flamme wandern.

Reis vor Standesämtern und die von Dosen zerkratzte Straße die dahinführen.

Das Konto steht auf Null, aber man kann das

Konto auf einmal doch am Geldautomaten überziehen.

Einen letzten Seufzer machen, den Tag ausblasen und einschlafen.

Einen einzelnen Wassertropfen auf dem Gefieder einer schwimmenden Ente.

Wenn man Angst davor hat, dass das Buch das man liest bald endet.

Pannen im Fernsehen.

Wenn die Kellnerin „Zum Wohl" sagt.

Mit der richtigen Frau Heiratspläne machen.

Katzenpfotenspuren auf der Motorhaube.

Wenn Schnürschuhe ganz festgezurrt sind und eng anliegen.

Wenn die Sonne schon untergegangen ist, aber man an hohen Häusern noch die Strahlenabdrücke sieht.

Oral aufgeweckt werden.

Wenn Pferde durch einen Bach galoppieren.

Die Stimme von Romy Schneider.

Wenn ich mich an meinen Sohn kuschele und mich seine Haare kitzeln.

Schnee Knochenmehl nennen.

Wenn aufs beleuchtete Display des Handys ein Wassertropfen fällt und bunt schillert.

Postkarten vom Nachbarn lesen.

Zähne ganz lange putzen und dann den Schaum mit einem Platsch ausspucken.

Den Seitenhebel am Bügelbrett betätigen.

Wenn das Handy in der Hosentasche vibriert.

Mit einem Kuli ganz winzig ein Autogramm auf die Tapete in einer fremden Wohnung schreiben.

Immer CS-Gas dabei haben.

Auf einer Straße fahren und daneben fährt ein Zug in dieselbe Richtung.

In alten Zeugnissen die Zeilen bei Betragen lesen.

Alte Röhrenradios und Sessel die während des Sperrmülls auf der Straße stehen.

Ganz viel Münzgeld in einen automatischen Münzzähler werfen, zuhören wie es rattert und dann über den hohen Betrag freudig erstaunt sein.

Die Küche aufräumen und dabei telefonieren. Dann merkt man gar nicht, dass man aufräumt.

Mich noch in der Duschkabine abtrocknen damit die Kälte mich nicht nass frösteln lässt.

Mit meinem Sohn einschlafen und aufwachen.

Wenn mein Sohn versucht mich hochzuheben und ich so tue als wenn er es fast schafft.

Alte Filme in denen hinter zwei Menschen auf dem Rücksitz eines Autos ein Film von einer belebten Straße abgespielt wird und man weiß, dass es im Studio gedreht wurde.

Wimpern pflücken und Wunschpusten.

Meine schlafende Liebe auf meiner Brust spüren, ein Buch lesen und sie nebenbei durchs Haar wutscheln.

Einen Anzug blitzeblankglatt aus der Reinigung holen.

In Paris die Metrofahrkarte durch die Schranke flitschen lassen.

Ganz viel Münzgeld in einen Zählautomaten schütten, dem Klimpern lauschen und über die Summe positiv überrascht sein.

Kirchenglocken die nach einer Trauung ganz lange läuten.

Wenn die Servietten in einem Lokal aus festem Stoff sind und nicht aus Papier.

Sich gegenseitig nach Zecken untersuchen und keine finden.

Ringe selbst schmieden.

In einem Käseladen frischgemachte Käsebrötchen kaufen mit viel Butter und dann auf der Straße essen.

Wenn in den Frauengeschäften in den Männerwartezonen Kaffeeautomaten stehen.

Spazieren gehen und auf einem Balkon einen Mann sehen, den seine Frau zum Rauchen rausgeschickt hat.

In einem parkenden Auto sitzen und eine Eichel fällt vom Baum aufs Autodach.

Sex mit zwei Frauen und ich bin nicht sooo aufgeregt, dass da unten nichts mehr geht.

Wein zum Vorkosten geboten bekommen.

Ein volles Glas auf meinem Knie balancieren.

Das Geräusch wenn man sich ein frisch gebügeltes Hemd anzieht.

Von einer Schneidunterlage das Geschnippelte mit einem Messer in die Pfanne geleiten.

Wenn man zufällig in der Videothek sieht das der Film schon auf DVD ausleihbar ist, den man leider im Kino verpasst hat.

Zugvögel in der Nacht hören.

Salzkörner mit dem Zeigefinger in der Hand zu Pulver reiben.

Durch die Wasseroberfläche hindurch Fische beobachten.

Anstatt auf die Rechnung warten, das Geld hinlegen und einfach weggehen.

Wenn ich etwas Technisches mit einem Handkantenschlag reparieren kann.

Wenn man hinter einem Laster fährt, der bremst ab und der Hänger federt wippend nach.

Wenn Ehepaare erzählen, wie sie sich kennen gelernt haben.

Der Geruch von Zimtkerzen.

Wenn die Supermärkte anfangen Weihnachtssachen zu verkaufen und man Baumkuchen entdeckt.

Klettverschlüsse auf und zu machen wenn sie schon oft benutzt wurden.

Eine Katze am Hals kraulen bis sie wohlig die Augen schließt.

Der grünblauschimmernde Hals von Tauben.

Wenn nasser Strand die Lichter am Ufer reflektiert.

Eine Rutsche hinauflaufen.

Frauen mit braunen Stiefeln, die flache Absätze haben.

Im Zoo das Eis "Brauner Bär" vor dem Gehege der Eisbären essen.

Den Anfang der Tagesschau.

Wenn auf einem Feld eine Gerätschaft bewässert, man mit dem Auto vorbeifährt und in dem Niesel den Regenbogen sieht.

Briefe mit ganz vielen Briefmarken bekleben oder mit einer einzigen und dann über die Kante.

Wenn auf der Warmhalteplatte beim Chinesen das Essen knackend bruzzelt und die Soße Bläschen schlägt.

Wenn dreijährige Kinder Tauben scheuchen und dabei fast über die eigenen Beine stolpern.

Das schillernde Schwarz einer Seifenblase bevor sie stirbt.

BurlingtonSocken mit dem Knopf auf dem einen Strumpf.

Wenn man einen Zuckerwürfel in einen Kaffee hält und beobachtet wie sich der Kaffee ins Weiß frisst.

Wählen gehen und statt eine Partei zu wählen und es ändert sich eh nichts einen lustigen Spruch oder eine Fratze auf den Zettel malen.

Wenn ein Fahrrad über einen Holperweg fährt und man das Innenleben der Klingel leise scheppern hört.

Wenn man ein Buch an irgendeiner Stelle zufällig aufschlägt und das Wort was einem zuerst ins Auge fällt hat für diesen Tag seltsamerweise eine Bedeutung.

Brötchenteig beim Aufgehen beobachten.

Wenn von vielen Eiszapfen in verschiedenen Takten Tropfen in Pfützen fallen.

Mit einem Löffel in den Kartoffelpüree ein Loch graben und dann das Bratenfett hineingießen.

Gegen jemanden gewinnen, der felsenfest davon ausgegangen ist niemals zu verlieren.

In Internetcommunitys Schulfreunde wiederfinden.

Von einer Bühne aus in einen leeren großen Saal blicken.

Ein teures aber nicht mehr passendes altes T-Shirt als Putzlappen nehmen.

Wenn meine Polizistenfreundin das Magazin aus ihrer Dienstwaffe nimmt und sie mir in die Hand gibt.

Mich lautlos nähern und erschrecken.

Die Lamellen an den Unterseiten von Pilzen.

Omis und Opis bei denen man sieht, dass sie eine Perücke tragen.

Den weichen Bauch eines Hundewelpen streicheln wenn er alle vier Beine nach oben streckt.

Wenn mir meine Frau eine andere Größe eines Kleidungsstückes holt und in die Umkleide reicht.

Wenn eine Frau auf dem Bauch im Bett liegt, eine Zeitschrift liest und ihr Po ein Berg ist der sich in die Bettdecke hüllt.

Menschen, die einen größeren Horizont haben und mich damit nicht einengen.

Märchenerzähler mit Schaukelstuhl, Öllampe, tiefer Stimme und einem großen Buch in Leder.

Maschensäckchen mit bunten Glasmurmeln in die Hand nehmen und befassen.

Maultaschen in klarer Suppe mit Grünzeugminibooten und U-booten.

Gegen den Bildschurm husten und viele Regenbogentropfen sehen.

Beim Gesichtswaschen zwei Hände voll Wasser gegen das Gesicht drücken und durch die Nase ganz doll schnauben.